LE

BARON DE LAYRE

LE

BARON DE LAYRE

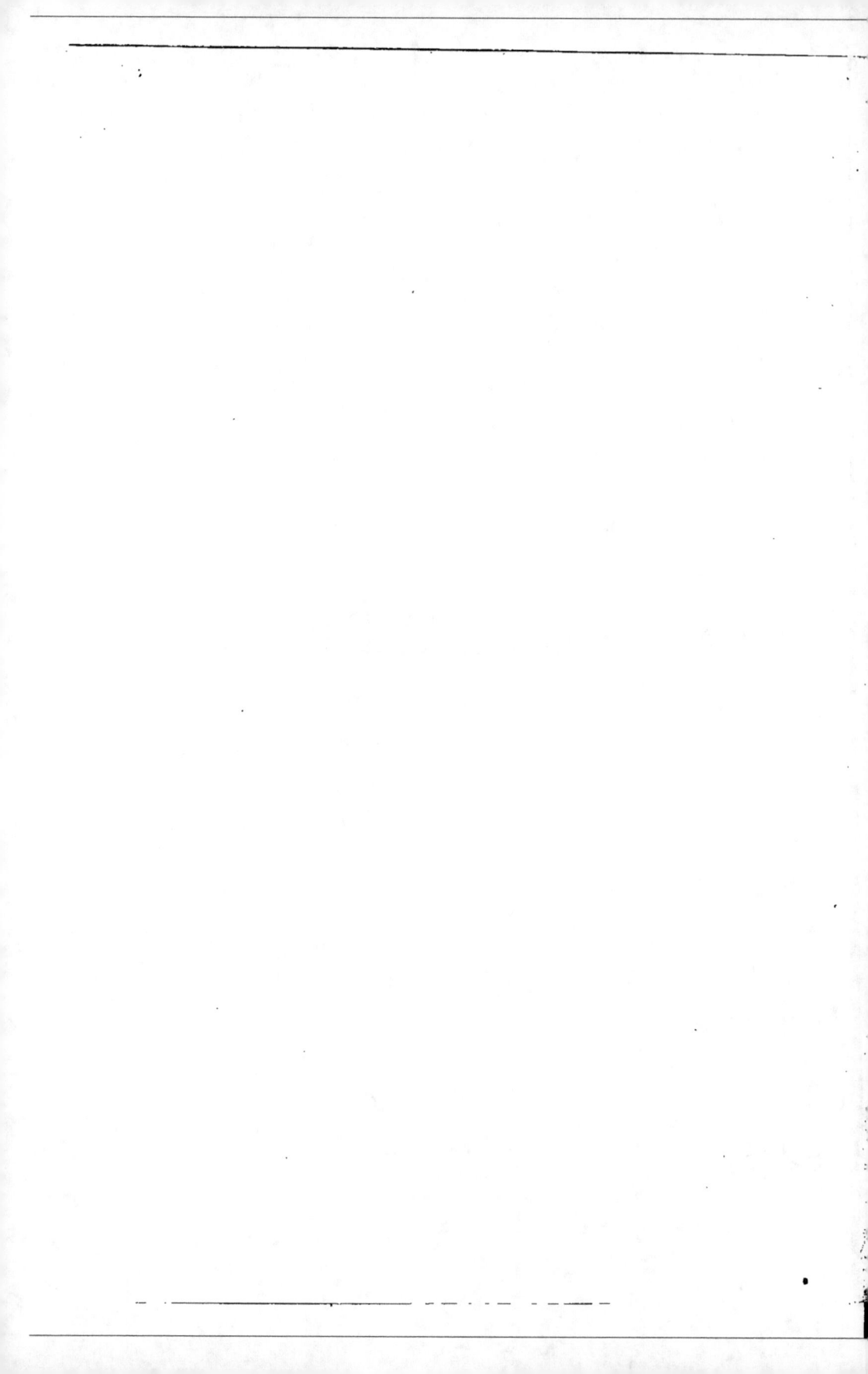

Enlevé par une mort aussi soudaine qu'inattendue à l'affection des siens, le Baron de Layre était un de ces hommes supérieurs qui, alliant aux plus beaux dons de l'intelligence les plus rares qualités du cœur, n'ont d'autre ambition que de mettre au service du bien public les facultés que la Providence leur a départies avec prodigalité. Nous avons pensé qu'en réunissant les paroles dites par lui en diverses occasions et les discours prononcés sur sa tombe nous rendrions à la mémoire de cet homme de bien un dernier hommage qui perpétuera parmi nous le souvenir d'un nom toujours cher et respecté.

LE BARON DE LAYRE

Discours prononcé par M. le baron de Layre, en présence de Mgr Regnault, pour la Distribution des prix, à l'école des Frères de Nogent-le-Rotrou, le 5 Août 1881 :

MONSEIGNEUR,

MESSIEURS,

Le comité libre de l'école des Frères est profondément reconnaissant du témoignage de bienveillance que Votre Grandeur a daigné lui accorder en acceptant la Présidence de sa seconde distribution de prix. Cet encouragement donné à son initiative, alors que le but poursuivi par lui semble définitivement atteint, est la plus douce et la plus précieuse récompense de ses efforts.

Je suis heureux d'avoir reçu la mission d'en exprimer à votre Grandeur toute sa gratitude. Je n'avais d'autre titre à ce choix que l'intérêt même que je porte au succès de l'entreprise si heureusement commencée ; mais on a cru que tout l'arrondissement ayant participé à la fondation de l'école du chef-lieu, il fallait pour en mieux définir le caractère un interprète étranger à la ville.

Mon intervention n'a pas d'autre raison d'être et après avoir accompli près de Votre Grandeur mon premier devoir, j'en remplirai un second vis-à-vis des Membres du Comité, en les remerciant au nom des Souscripteurs, de l'intelligence et du zèle avec lesquels ils ont su diriger l'œuvre commune. C'est un sentiment de même nature qui a groupé ici les nombreux élèves que nous voyons réunis, et dicté le choix de leurs parents. Pendant plus d'un siècle les Frères ont occupé dans cette ville la chaire de l'enseignement primaire, et pendant ce long espace de temps, les générations qu'ils ont élévées n'ont eu qu'à se louer de leur dévouement et de leur abnégation. Instruisant les enfants à l'école, les éclairant à leur sortie sur le choix d'un état, les aidant toute leur vie de leurs conseils, ils n'ont pas cessé durant 150 ans d'être tout à la fois des maîtres, des guides et des amis. Est-il donc étonnant qu'après tant de services rendus, les Frères, en perdant leur titre officiel à l'enseignement, aient conservé leur titre privé à la reconnaissance ? Le contraire m'aurait plutôt surpris car je puis le dire à l'honneur de nos populations Percheronnes, leur calme apparent cache une volonté tenace, et elles auraient rougi à la seule pensée d'une pareille ingratitude.

Ces deux années d'épreuves traversées en commun démontrent une autre vérité! Elles prouvent jusqu'à l'évidence la nécessité de l'œuvre à laquelle nous avons tous ici apporté notre pierre, les uns donnant leur concours, les autres leur persévérance. S'il est vrai que la liberté ne soit pas un vain mot, c'est surtout quand il s'agit de la liberté des autres. A ce titre, rien n'est plus respectable que l'indépendance du père de famille choisissant, dans la plénitude de sa volonté, l'instituteur de ses enfants; et le premier devoir de l'Etat devrait être de fournir à chacun les moyens d'exercer ce droit. Cette liberté qui vous manquait, la fondation de l'école des Frères a précisément eu pour but de vous la donner et en lui envoyant vos enfants, vous avez tout à la fois fait acte de citoyen et donné une preuve de virilité.

C'est bien de votre plein gré que vous avez manifesté vos préférences et si j'avais à en rechercher les motifs je ne serais nullement embarrassé à les formuler. Vous avez voulu procurer à vos enfants avec les bienfaits de l'instruction, les avantages non moins précieux de l'éducation. Sur ces deux points encore vous avez été parfaitement inspirés. Je ne veux faire le procès de personne et je serai au contraire toujours empressé à reconnaître et à proclamer le bien partout où il me sera donné de le rencontrer. Mais, en même temps, qu'il me soit permis de dire que dans le siècle où nous vivons, ce ne sont ni les programmes ni les systèmes qui manquent et qu'à force de vouloir cultiver l'esprit des enfants on a trop souvent négligé de développer leurs qualités morales. Or, au point de vue scolaire, les Frères ne redoutent la comparaison avec personne, et au point de vue moral, ils sont sans égaux. Je pourrais aller chercher au loin mille preuves de cette vérité, mais je préfère emprunter aux compositions de cette année un exemple imprévu qui vous permettra de juger les maîtres et les élèves.

Appelé à apprécier l'influence française en Italie à l'époque de François Ier, un des jeunes lauréats, que nous applaudirons bientôt, faisait remarquer que Bayard avait voulu mourir en faisant face à l'ennemi. Puis faisant allusion à un passé encore bien près de nous, il terminait tristement en disant que si l'on avait imité son exemple deux provinces bien chères n'auraient pas été perdues. Il aurait pu ajouter à quelles sources se puisent de pareils sentiments et c'est encore le chevalier sans peur et sans reproche qui lui aurait servi de modèle, car Bayard, en ordonnant de le tourner du côté de l'ennemi, avait fait planter son épée debout devant lui afin d'adorer une dernière fois avec la croix le Dieu des armées.

Voilà ce qu'on enseigne dans les écoles religieuses et voilà ce que les enfants en rapportent. Continuez donc Messieurs, à envoyer avec confiance vos fils à l'école des Frères. Et vous, mes enfants, continuez à profiter des bonnes leçons de vos excellents maîtres.

Vous apprendrez avec eux tout ce qu'il est nécessaire de savoir dans la vie et de plus à aimer Dieu, la France et la Liberté.

Discours de M. de Layre, à l'occasion des fêtes du Concours hippique et du Comice, le 25 mai 1884 :

MESSIEURS,

Je ne voudrais pas anticiper sur les terres du voisin, et, à l'occasion du Comice, vous parler de l'exposition florale ou de la Société hippique. Il m'est impossible cependant, en présence d'un événement considérable pour la ville et les environs de Nogent-le-Rotrou, de ne pas me féliciter avec vous de la triple exhibition de ce jour et de ne pas remercier la municipalité des sacrifices qu'elle a faits pour en rehausser l'éclat, les exposants du concours qu'ils lui ont apporté, les invités de leur empressement à répondre à l'appel de tous.

Il est également un côté de la question qui intéresse spécialement l'association dont je suis le représentant et que je ne puis me dispenser de mettre en lumière.

Depuis bientôt dix ans, l'agriculture se débat contre des maux multiples qui l'écrasent et la ruinent. Elle souffre dans le Midi, où le phylloxera a dévoré les vignes, comme dans le Nord, où la betterave a perdu la plus grande partie de ses principes saccharins ; dans les pays à céréales, où la culture du blé et l'élève du mouton ne donnent plus de produits rémunérateurs, comme dans les pays forestiers, où les rigueurs de ces derniers hivers ont avili les prix en jetant sur le marché des quantités anormales de bois avariés ; de l'Est, du Centre, de l'Ouest éclatent les mêmes réclamations et les mêmes plaintes. Il a fallu longtemps pour les faire entendre, et vous vous rappelez peut-être encore les critiques dont les représentations des Comices étaient l'objet dans le département en 1878, quand ils demandaient, à l'occasion du renouvellement des traités de commerce, que l'agriculture fût traitée comme l'industrie. Les prétendues utopies de cette époque sont devenues de vivantes réalités. Dans sa session d'avril, le Conseil général d'Eure-et-Loir a voté le relèvement du droit d'entrée sur les blés et, si l'on en croit les journaux, le gouvernement va proposer de frapper les farines étrangères d'un droit compensateur de 3 fr. 75 au lieu de 1 fr. 60 par quintal, d'élever de 15 fr. à 30 fr. par tête les bœufs importés et de doubler la taxe sur les moutons.

Ce sera une première satisfaction donnée aux intérêts agricoles ; mais à qui est dû ce résultat, sinon aux réclamations incessantes des Comices et des Sociétés d'agriculture autrement dit à l'initiative privée? C'est à elle que je voulais faire allusion en commençant, car c'est elle surtout qui nous a amenés ici.

Ce qui m'a toujours frappé dans l'histoire de la Société hippique percheronne, c'est moins la rapidité de ses progrès que le mode particulier de sa constitution. Rompant avec la routine du passé, elle n'a réclamé ni privilège, ni subvention, ni protectorat : elle s'est adressée directement, suivant les principes modernes, à la masse des éleveurs, en leur offrant en échange d'un certificat d'origine le moyen d'écouler sûrement leurs produits. La tentative était hardie, mais elle répondait à un besoin réel et elle a réussi comme réussiront toujours les entreprises justes et pratiques. Le Perche a le droit d'être fier du grand exemple qu'il a donné, car en faisant appel à la bonne volonté de tous, la Société hippique n'aura pas seulement augmenté la fortune privée, elle aura encore rapproché, sur le terrain commun de la prospérité nationale, toutes les forces vives du pays, ainsi que sur le drapeau de la libre Amérique les étoiles réunies des états confédérés représentent l'unité nationale, tout en respectant l'indépendance de chacun, *e pluribus unum*. Ce ne sera pas son moindre service, et de même que dans le passé la politique est toujours restée absente de nos réunions pacifiques, nous souhaitons que chacun puisse se rencontrer sans se heurter pendant longtemps encore sur le libre champ des intérêts agricoles.

Cette initiative que la Société hippique a prise pour la race chevaline, je demande aux cultivateurs de l'appliquer à la transformation de leurs exploitations. Aujourd'hui, plus que jamais, il faut regarder la situation d'un œil viril et sans se faire illusion. L'augmentation des voies de communication et l'abaissement des prix de transport menacent le vieux monde de l'invasion des produits du nouveau, principalement du blé. Contre ce danger, les droits proctecteurs sont impuissants, car ils ne sauraient être élevés jusqu'à la quotité nécessaire, et c'est surtout en elle-même que l'agriculture doit chercher et trouver les moyens de résister. Dans nos contrées, la lutte est plus facile qu'ailleurs, et la création d'herbages nouveaux, jointe au développement des plantations d'arbres à fruits, constitue des ressources clairement définies. La nature a beaucoup fait pour le Perche ; les riches prairies qui entourent Nogent en sont la preuve. Il est nécessaire que la main de l'homme complète l'œuvre en dehors des vallées en captant sur les hauteurs où elles nuisent aux céréales les eaux favorables aux herbes. Quand ces pâturages nouveaux seront couverts de nombreux élèves, quand aux poulains se mêleront les animaux de la race bovine, la question agricole aura fait un grand pas ; car, avec la Société hippique la vente des premiers est assurée, et la consommation de la viande de boucherie, en devenant plus générale de jour en jour, fortifie la population en même temps qu'elle enrichit le producteur.

Ce qui est vrai des animaux de toutes sortes ne l'est pas moins des arbres à fruits. Les pommes, qui jadis étaient considérées dans les fermes comme un simple accessoire, constituent aujourd'hui un des plus clairs revenus, grâce à ces voies de communication qui emportent nos produits, si elles amènent ceux de l'étranger. Profitons des facilités qu'elles nous offrent, et si la récolte du sol est insuffisante, complétons-la par celle, aussi agréable qu'utile, de ces pommiers qui charment l'odorat au printemps par leurs fleurs et réjouissent nos yeux à l'automne par les différentes couleurs de leurs fruits.

Nous avons constaté avec satisfaction dans les visites de cette année que la culture de l'herbe avait fait des progrès dans le canton de Nogent. Il faut plus longtemps pour que les plantations d'arbres arrivent à donner des produits ; mais là encore la tendance est bonne, et l'année prochaine, le Comice s'occupera tout spécialement de la question. En attendant la voie est ouverte et il ne s'agit plus que de la suivre d'un pas assuré. Il y a un peu de tout dans le Perche ; assez de blé, pas mal de fruits, beaucoup de chevaux et de vaches. De ces éléments divers il est facile de faire un ensemble satisfaisant. Nous le pouvons, nous le devons, et en disant aux uns : Mettez-vous à l'œuvre, aux autres : Persévérez ; je répéterai à tous : Ayez confiance.

Toast de Monsieur le baron de Layre, président du Comice, le 19 juillet 1885 :

MESSIEURS,

La fête de l'agriculture doit être un jour de conciliation et de paix. Je serai le premier à donner l'exemple de la réserve en me bornant à porter aux cultivateurs le toast traditionnel et classique. Je prie instamment les orateurs qui me succéderont de vouloir bien me suivre dans la même voie. J'espère qu'ils le feront et que rien ne viendra nous diviser sur ce terrain agricole où nous devons tous rester unis.

Je bois donc à ces vaillantes et fortes populations rurales qui sont la fortune et l'honneur de la France : — la fortune, par le travail, leur économie et la régularité de leur vie ; — l'honneur, par le patriotisme avec lequel elles acquittent l'impôt du sang, quelque lourd qu'il puisse être.

Je bois en particulier aux cultivateurs percherons qui, loin de se laisser abattre par la crise agricole, ont redoublé de sacrifices et d'efforts pour maintenir et augmenter même le rendement de leurs terres.

Je bois encore à ces intelligents éleveurs dont les soins assidus ont su faire de la race chevaline percheronne l'une des premières races de trait de la France, race que je serais même tenté de qualifier sans rivale, si je voulais en juger par l'empressement que l'étranger met à acquérir ses produits.

Je bois enfin à ces vieux serviteurs qui sont l'honneur de nos concours, et dont le doyen siège ce soir à table au milieu de nous. Le nombre de ces agents zélés est encore bien grand, quoi qu'en disent quelques esprits chagrins, et puisqu'ils ont été à la peine, il est juste qu'ils soient à l'honneur, confondus avec leurs maîtres, le jour du triomphe, dans le même concert d'éloges.

Mais je bois surtout au retour de la prospérité agricole et au relèvement de l'agriculture qui brillera bien vite d'un éclat nouveau, si nous savons, si nous voulons, par une meilleure répartition des charges publiques et par l'établissement sincère, à la frontière, de droits vraiment compensateurs, mettre l'industrie agricole sur le pied d'égalité avec les autres branches de l'industrie nationale.

A l'agriculture française !

Aux cultivateurs et aux éleveurs percherons !

Discours de M. le baron de Layre, au Comice du 26 juin 1887 :

MESSIEURS,

C'est la première fois depuis sept ans, je ne crois pas me tromper, que j'assiste à une réunion agricole dont les membres commencent à espérer dans l'avenir. Cette amélioration, vous la devez surtout à vous-mêmes, car dans cette lutte pour l'égalité et la vie dont vous êtes sortis triomphants, les cultivateurs ont donné un exemple bien rare de persévérance et d'union ; vous la devez aussi à tous ceux qui, revêtus ou non d'un mandat public, ont pris part à la bataille et n'ont pas marchandé leurs efforts pour défendre une cause juste et nationale. Remercions-les, Messieurs, comme ils le méritent, mais en même temps, n'oubliez pas que vous aurez encore besoin de courage et d'énergie le jour où les partisans du libre-échange reviendront à la charge, et ils y reviendront, n'en doutez pas, puisqu'ils ont déjà essayé leurs forces, et alors il faudra, comme le disait naguère avec autant de justesse que d'à-propos l'honorable Président du Comice de Chartres, que les défenseurs de la veille soient décidés à être les défenseurs du lendemain.

En attendant, Messieurs, c'est toujours à vous-mêmes qu'il faut continuer à faire appel pour profiter des avantages acquis et empêcher qu'on ne vous les conteste. Pour cela, produisez beaucoup et produisez au meilleur marché possible. La récolte s'annonce comme devant être bonne non-seulement en Europe, mais encore en Amérique et dans les Indes. Le moment est donc propice aux expériences, puisque l'alimentation publique est assurée. Ne craignez pas d'en faire, ou plutôt continuez ce que vous avez si bien commencé, car je tiens à réfuter une fois pour toutes une erreur commune. On reproche au Percheron de manquer d'initiative. Sans doute, il est peu partisan des manifestations extérieures et bruyantes mais est-ce un défaut? et cela l'empêche-t-il de comprendre ses véritables intérêts ? Nullement, et un simple coup d'œil jeté en arrière sur les dernières années montre quels progrès ont été réalisés, sans bruit et en peu de temps.

C'est dans le Perche qu'a pris naissance, par voie de souscriptions privées, cette Société hippique dont la renommée est aujourd'hui universelle, et affirme par ses progrès toujours croissants la supériorité de sa race chevaline. C'est dans le Perche que s'est le plus rapidement et le plus largement opérée la transformation de la culture des céréales en culture herbagère. C'est dans le Perche que le commerce des engrais chimiques trouve l'un de ses plus larges débouchés.

Vous avez pu par vous-mêmes constater l'excellence du Concours hippique et admirer le zèle des éleveurs, toujours sur la brèche, hier à Senonches, aujourd'hui à Authon, dans quelques jours à Mortagne. Ce que vous n'avez pas vu et ce que nous pouvons vous certifier, c'est que les herbages qui produisent ces superbes animaux sont dignes des bêtes qui les pâturent. Dans nos visites de fermes, nous avons, en particulier, admiré chez M. Rigot, de Saint-Bomert, une prairie de 20 hectares, d'un seul tenant, créé sur une colline, où les poulains trouvent une nourriture plus fortifiante que dans les vallées et, pour leurs pieds, un sol plus résistant. Enfin, il y a quinze jours à peine, de nombreux cultivateurs, réunis ici même, signaient entre eux la création d'un Syndicat agricole et en arrêtaient le règlement.

Ce n'est donc pas l'initiative qui manque dans le Perche, c'est plutôt le nerf de la guerre. Après dix ans de crise agricole, beaucoup de situations ont été ruinées, toutes ont été atteintes et le malaise est général. S'il est impossible de ressusciter les morts, il faut du moins essayer de guérir et de faire vivre les malades. Pour cela deux portes sont ouvertes. L'élevage avec ses succès brillants dont tout le monde parle et la culture proprement dite avec la diminution des frais de production. Aux éleveurs nous dirons : si vous voulez obtenir ces grands prix, qui sont l'objectif de tous et l'apanage de quelques-uns, n'hésitez pas à faire inscrire au Stud-Book les mères et les poulains, n'hésitez pas surtout à employer les meilleurs reproducteurs, quel qu'en soit le prix, et au besoin allez les chercher à domicile. La réussite est à ce prix.

Aux cultivateurs nous répèterons que les frais généraux de labour, de semence et de moisson étant les mêmes pour une mauvaise récolte que pour une bonne, il est indispensable de donner à la terre ce qui est nécessaire pour obtenir d'elle le maximum de rendement. C'est dans cette pensée que le bureau du Comice a provoqué la création d'un syndicat agricole destiné à faciliter l'achat en commun des engrais chimiques. L'expérience enseigne que dans les terres du Perche ils produisent des effets véritablement merveilleux et nous avons visité récemment dans la commune de Luigny une exploitation où, employés seuls, ils avaient fait pousser un blé de nature à rendre jaloux un fermier de Beauce et promettant une récolte de 40 douzaines à l'arpent. Mais ce qui manque à la grande majorité des cultivateurs, c'est la connaissance exacte de la valeur des engrais offerts par le commerce et la garantie du dosage annoncé par le vendeur. Cette double recherche est précisément la raison d'être du syndicat. En mettant en concurrence les différents marchands d'engrais, il obtiendra d'eux des rabais proportionnés à l'importance des commandes ; en faisant analyser chaque livraison, il rendra la fraude impossible, ce que ne peut tenter l'acheteur de quantités minimes. L'empressement que vous avez mis à répondre à notre appel est la preuve que vous avez compris la véritable signification de notre entreprise qui est une œuvre d'utilité générale, gratuite et étrangère, comme l'impose un des articles des statuts, à tout esprit de parti. Vous étiez, il y a quinze jours, près de 200 souscripteurs, nous espérons qu'à la fin du mois ce nombre sera doublé, car les adhésions sont libres et la porte est ouverte à tous.

A peine né, le syndicat des Agriculteurs du Perche a déjà donné signe de vie. Tous les sociétaires viennent de recevoir la lettre de commande nécessaire pour faire

connaître leurs besoins et les marchés sont à l'étude pour assurer la sincérité des livraisons et l'arrivée des marchandises aux époques convenues. Depuis un an déjà des syndicats agricoles de même nature fondés à Chartres, à Châteaudun et à Dreux fonctionnent au grand avantage des intéressés ; il en sera de même de leur jeune émule si vous voulez bien lui continuer le concours qui a salué sa naissance.

L'union fait la force, dit la devise d'un peuple voisin, plus grand par son industrie que par son territoire. J'ai nommé la Belgique, et m'inspirant de son exemple, je traduirai la même pensée en disant que ce n'est pas trop de toutes les forces vives du pays pour réparer les désastres de la crise sans précédent que l'Agriculture vient de traverser. Mettons-nous donc tous à l'œuvre, car l'Agriculture est la mère nourricière de la Patrie et elle peut seule rendre notre chère France prospère et respectée.

Toast au Banquet du Comice, 26 juin 1887 :

MESSIEURS,

Je me lève pour porter à l'Agriculture le toast accoutumé.

Si j'avais à justifier cette proposition, qui a d'avance l'assentiment de vos cœurs, il ne me serait pas difficile de donner les raisons qui font de l'Agriculture la première des industries du pays et des agriculteurs, les plus utiles citoyens de la patrie. Mais au lieu de boire à sa gloire séculaire, je préfère lui souhaiter ce dont elle a le plus grand besoin aujourd'hui : la prompte et durable guérison des maux dont elle a trop longtemps souffert.

Depuis quelques mois nous avons cette espérance, il faut qu'elle devienne une certitude.

Vous le méritez, Messieurs, par le spectacle admirable que vous avez donné dans ces dernières années. Produisant à perte et le sachant, vous n'avez jamais cessé d'aimer cette terre qui ne pouvait plus récompenser vos efforts et vous avez revendiqué avec la même énergie l'égalité économique, que des préjugés vous contestaient et qui vous est due, au même titre que l'égalité civile. Sur ce point vous êtes inattaquables et nul, soyez en bien persuadés, ne pourra vous reprendre la position si péniblement conquise. Là est votre salut, et c'est avec confiance que je bois à l'Agriculture et à son relèvement ! (*Bravos.*)

Rapport sur les opérations du Comice, 3 juin 1888 :

Des enquêtes officielles et officieuses recherchent en ce moment les causes de cet avilissement et les moyens d'y remédier. Nous n'en voyons qu'un seul d'efficace, une protection plus grande aux frontières contre l'envahissement du bétail étranger sous quelque forme qu'on cherche à l'introduire, vivant ou abattu, à l'état de viande morte surtout, car, avec les tarifs de pénétration des chemins de fer et la faveur des droits de douanes, c'est sous ce dernier état que la concurrence aux produits nationaux est le plus redoutable. Malgré les craintes que faisait naître l'établissement d'un droit d'entrée sur les blés étrangers, le prix du pain n'a pas augmenté et la situation du cultivateur s'est améliorée. Il en sera de même pour la viande le jour où l'on relèvera les taxes douanières. Ce sont les intermédiaires qui en supporteront les conséquences ; mais ils gagnent vraiment trop, aux dépens des producteurs, comme le prouve le succès des boucheries coopératives.

Il est un dernier point sur lequel nous serons tous d'accord, les mérites modestes, mais dignes d'envie, des serviteurs agricoles dont la moralité et la fidélité ne se sont pas démenties pendant de longues années. La vie des champs est moralisatrice par excellence. Ce n'est pas seulement une sentence, c'est un fait dont il est impossible de nier la réalité, quand on voit que chaque année la moisson des vieux serviteurs est toujours aussi abondante, que le Comice n'a que l'embarras du choix et que les plus jeunes disputent aux plus âgés les primes que nous sommes heureux de mettre à leur disposition. Saluons-les, Messieurs, encourageons-les, car c'est dans ces modestes travailleurs que résident la force et l'honneur de la France.

Toast de M. le baron de Layre :

MESSIEURS,

Je vous demande la permission de boire aux nombreux héros du jour.

La tâche est vaste, car les mérites sont nombreux, les services divers et les catégories distinctes, mais la pensée est une : honorer ceux qui contribuent à la prospérité de la patrie.

Je laisserai donc à d'autres le soin de détailler, et ils en valent la peine, les titres de chacun et je me bornerai à me réjouir avec vous, dans cette assemblée nombreuse et sympathique, en présence des représentants d'une nation amie, des bienfaits de la solidarité dont l'agriculture nous donne l'exemple et nous montre les heureux effets. C'est seulement dans les exploitations rurales que la communauté de vie amène ces rapprochements d'intérêts et de vues dans lesquels se confondent l'initiative des maîtres et le dévouement des serviteurs. Dans ces associations tacites, si la part de chacun est inégale, le mérite est le même aux yeux de la société qui regarde et qui juge. Sur ce champ de bataille pacifique, comme sur l'autre, le soldat qui se distingue et qui sait obéir doit être décoré comme le chef qui le guide et le conduit au succès ; le plus heureux dans ce cas, croyez-le bien, c'est encore le maître. Le serviteur que je vous présente, disait le certificat d'un des lauréats de ce jour, ne m'a jamais fait perdre un poulain ni une jument et, en écrivant cela, le maître croyait avoir épuisé toutes les formules de recommandation. Aussi dans cette assemblée où tant d'yeux sont tournés vers les heureux triomphateurs du Concours hippique, vous me pardonnerez, je l'espère, non seulement de ne pas séparer le cultivateur de l'éleveur qui sont souvent confondus dans la même personne, mais encore de ne pas distinguer les vieux serviteurs de leurs dignes maîtres, car les uns produisent les autres et ils ont tous un titre d'honneur commun.

Je vous propose la santé des lauréats du Concours, sans distinction et sans phrase.

Toast au Comice du 7 juillet 1889 :

MESSIEURS,

J'ai, en me levant, un triple devoir à remplir. Je dois souhaiter la bienvenue à tous ceux qui ont contribué par leur présence à rehausser l'éclat de cette fête ; je dois remercier la municipalité de La Loupe de ses efforts pour embellir la réunion et de sa courtoisie qui l'a rendue sympathique à tous; je dois enfin adresser mes plus sincères félicitations aux lauréats pour leurs succès si bien mérités.

Ma tâche est singulièrement facilitée par la pensée commune de dévouement aux intérêts agricoles qui nous a amenés ici, qui a été l'unique préoccupation de la journée, qui la restera jusqu'au bout, je l'espère, et qui, par sa sincérité même, laissera dans la mémoire de chacun un souvenir agréable de satisfaction et de concorde.

Dans cette énumération, je me reprocherais d'oublier les habiles organisateurs de l'exposition horticole; mais en même temps, vous m'excuserez, j'en suis sûr, si j'avoue que mes sympathies se tournent surtout du côté des pacifiques triomphateurs du concours agricole, maîtres et serviteurs, dont l'ensemble constitue la plus belle gerbe et le plus beau bouquet que nous puissions offrir à votre admiration.

Réunis à la même table, lauréat de la prime d'honneur, laboureur en exercice, vétéran des serviteurs agricoles, médaillés de toute classe, ils méritent tous les mêmes applaudissements, parce qu'ils ont été associés chaque jour au même labeur, qu'il n'y a pas de bons serviteurs sans de bons maîtres et réciproquement, que l'estime des uns appelle le dévouement des autres.

C'est une grande satisfaction pour nous de constater à chaque concours que le nombre des vieux serviteurs augmente au lieu de diminuer. Quinze ont défilé devant vous, aujourd'hui, avec des services oscillant entre 27, 25, 20, 19, 18, 17, 16 et 15 ans. L'un d'eux même, reconnaissable entre tous par son aspect de bonhomie et son costume d'un autre âge, donne l'exemple, unique dans nos fastes, de 52 années de services dans cinq exploitations, qu'il n'a quittées qu'à la fin du bail de ses maîtres. Si la simple vue d'une troupe guerrière remue la fibre patriotique des assistants, quelle émotion ne doit pas exciter dans nos cœurs la phalange de ces pacifiques vétérans ! En portant leur santé, en vous associant à leur triomphe, je suis sûr d'être votre interprète à tous.

Discours de M. de Layre au Comice, le 1er juin 1890.

MESSIEURS,

Nous sommes dans le mois des concours ; après la brillante exposition hippique de Nogent et les fêtes agricoles de Brou et d'Illiers, c'est un concours plus modeste qui nous réunit à Thiron ; c'est partout une même pensée de dévouement aux intérêts de la culture qui groupe ceux qui par état ou par devoir ont les yeux tournés vers les travaux des champs, les moins trompeurs de tous, les plus féconds pour la prospérité nationale. Nous aurions pu être plus nombreux, mais l'intimité a du bon, et puisque nous sommes entre nous, j'en profiterai pour me renfermer dans les limites locales où votre activité vit et s'agite et c'est exclusivement de vos succès et des progrès qui restent à réaliser que je compte vous entretenir.

Ce concours, je puis le dire par expérience, est le plus complet de ceux auxquels il m'a été donné d'assister depuis vingt ans que je suis mêlé aux travaux du Comice. Je pourrais même ajouter que c'est la première fois que je vois, dans le canton de Thiron, les primes de notre programme distribuées en totalité. J'avais déjà remarqué ce réveil de la culture, l'année dernière, à La Loupe ; il est encore plus sensible cette année parmi nous. Pour les primes de bonne culture, il y a eu huit concurrents, quatre dans la grande, deux dans la moyenne et deux dans la petite exploitation. L'affluence des demandes a été la même pour les primes particulières : on en compte quatre pour les prairies naturelles, quatre pour les défrichements, trois pour les cidres. Au labourage, neuf charretiers ont pris part aux épreuves et nous avons eu treize inscriptions pour sept primes de moralité, distribuées aux anciens serviteurs agricoles. Ce serait donc une erreur de croire, qu'en dehors des concours régionaux, il ne reste rien de méritant à récompenser. Si tout chemin mène à Rome, il n'est pas donné à tout le monde d'aller à Corinthe, et quand j'aurai détaché de nos procès-verbaux d'examen les portraits des principaux lauréats du jour, vous applaudirez à leurs efforts comme on le fait sur les grands théâtres.

Ce n'est pas une petite entreprise de mener à bien une culture, comme celle des trois fermes que tient à bail M. Blin dans la commune de Frazé, alors que la grande culture, dans le canton de Thiron, commence à 40 hectares. Cet agriculteur émérite opère sur 170. Il présente des blés qui doivent donner de 25 à 30 hectolitres, des avoines dont le rendement est évalué à 30 hectolitres, des prés artificiels, estimés d'un produit moyen de 600 bottes de 5 kilos, un cheptel excellent, correspondant à 0 tête 70, dont un beau troupeau de 400 moutons métis-mérinos comprenant 120 agneaux, le tout à l'hectare. Les champs sont bien nivelés, les prés naturels soigneusement entretenus, les engrais chimiques largement employés, la ferme et les abords dans le meilleur état. Tout serait parfait, s'il existait des racines et plantes fourragères en quantité correspondante à l'importance de la culture ; mais il n'y en a pas la moindre trace et, si nous insistons sur ce point, c'est que les terres de M. Blin, se rapprochant des communes qui avoisinent la Beauce, et où les betteraves réussissent admirablement, il nous semble qu'il aurait intérêt à en faire. Nous devons cependant dire, à sa décharge, que le reproche que nous lui adressons est, d'une façon générale, encouru par les habitants du canton de Thiron.

A l'autre pôle de la bonne culture, la petite exploitation est dignement représentée par M. Rousseau, au Verger-Gras, commune de Nonvilliers. Là aussi, les blés . promettent 25 hectolitres, les avoines 30 hectolitres, les prairies artificielles 500 bottes, les prairies naturelles 700, toujours à l'hectare. Le cheptel, composé de chevaux et de vaches, sans moutons, correspond à 0 tête 30 par arpent. Pas de betteraves non plus, alors que dans la même commune M. Rougeaux en a de superbes. Mais en somme, la tenue générale de la ferme est des plus satisfaisante et, quand on songe que dans une petite exploitation la proportion des frais généraux est forcément plus élevée que dans une grande, et qu'il faut parvenir à tout avec un personnel réduit et des ressources minimes, on est heureux d'encourager de pareils efforts et de les citer comme modèles.

Je ne parlerai pas des prairies que leur produit immédiat et les nécessités croissantes de l'élevage obligent les cultivateurs à soigner avec la plus grande attention. Mais, au risque d'abuser de vos instants, je dois encore montrer à quels résultats on arrive, dans les terrains les plus ingrats, avec de la persévérance, surtout quand cette persévérance a duré 10 ans. Tel est le cas de M. Marcel, au moulin Toucheron, commune de Montigny, qui pendant ce long laps de temps a défriché et nivelé cinq hectares de bruyères et ajoncs, accrus sur d'anciennes carrières, et les a transformés en prairies naturelles, qui sont aujourd'hui chargées d'animaux. Il y a longtemps qu'il aurait pu concourir, mais il tenait à montrer un travail achevé et réussi. Il n'est que juste d'en signaler l'importance et de lui décerner la récompense qu'il a méritée.

Une amélioration en entraîne une autre, ou plutôt les esprits judicieux sur un point le sont d'ordinaire partout. Les purins des étables de M. Marcel se perdaient depuis longtemps, alors que les prés, séparés de la ferme par une rivière, en auraient eu le plus grand besoin. La raison disait de la traverser, mais l'habitude fermait les yeux à l'évidence. M. Marcel a ouvert les siens et à l'aide d'un canal souterrain et d'une auge en bois dominant le niveau des eaux, il a conduit, de l'autre côté de la rive, l'engrais perdu sur l'herbe qu'il fertilise. Pour qui connaît la routine de nos campagnes, l'entreprise n'était pas banale. C'est toujours l'histoire de Christophe Colomb et de l'œuf. Nous ne donnerons pas pour cela l'Amérique à M. Marcel; mais nous sommes heureux de lui décerner la prime des engrais, qui n'est que trop rarement accordée.

Ce rapide exposé vous prouvera, je l'espère, que, d'une façon particulière, l'agriculture est en progrès dans le canton de Thiron, et que, d'une façon générale, elle s'efforce, en échange de la protection qu'elle réclame au même titre que l'industrie, de suffire par elle-même à la consommation du pays.

J'en prends acte afin de fournir à notre député, qui s'est si intimement identifié sur ce point avec les sentiments des populations qui lui ont donné leur confiance, des éléments certains pour continuer la lutte qu'il a si brillamment commencée.

Si cette année le blé a obtenu le prix rémunérateur pour la culture de 30 fr. les 75 kilog., on le doit aux droits de douane, qui ont empêché la production étrangère de venir faire sur nos marchés sa concurrence habituelle aux produits indigènes, et à la modification, si longtemps réclamée, des cahiers des charges des grands établissements civils et militaires de l'État qui a permis aux mêmes produits de se faire accepter. Sans doute la récolte a été généralement mauvaise à l'étranger en 1889 et cette circonstance a pu contribuer à l'envahissement de nos marchés ! Mais c'est un argument de plus en plus en faveur du maintien des droits protecteurs, puisque la France a pourvu seule à ses besoins avec une augmentation insensible dans le prix du pain, c'est-à-dire sans surcroît appréciable des charges de ceux qui achètent les denrées de première nécessité et avec une amélioration incontestable dans la condition de ceux qui produisent, et qui, en produisant utilement, rendent une partie de leur bénéfice en un supplément de travail qui profite à l'ouvrier.

Une pensée de saine confraternité a confondu dans une seule et même fête les succès des cultivateurs et les récompenses de leurs utiles auxiliaires. Dans ce champ du travail personnel nous avons récolté une ample moisson. Elle eût été plus abondante encore si l'on n'eût consulté que nos propres désirs, car parmi les primes que nous distribuons, aucune n'est plus efficace, à mes yeux, que celles accordées aux serviteurs agricoles et le Comice est toujours heureux de créer les ressources nécessaires pour y pourvoir.

Nous avons à vous présenter cette année un groupe bien rare dans la famille Lorin, composée de cinq membres attachés à l'exploitation du domaine de Nuisement, commune de Nonvilliers, sans compter leurs enfants qui commencent à entrer dans le rang. Le chef de la bande, je serais tenté de dire le patriarche, est un respectable grand-père, âgé de 76 ans, et qui, depuis 52 ans, est employé par trois générations de propriétaires, MM. de la Marre et Hermand, en qualité d'ouvrier agricole pendant l'été et d'ouvrier cercleur pendant l'hiver.

L'aîné des fils, âgé lui-même de 50 ans, a soin du troupeau, comme berger, depuis 22 ans ; sa femme gère, depuis 18 ans, en qualité de femme de basse-cour intéressée à l'élevage et à la vente des volailles, du lait et autres produits de l'exploitation.

Le fils cadet, âgé de 48 ans, compte 24 ans de services, dont 12 comme charretier-maître, et sa femme, après avoir été bonne d'enfant dans la maison, pendant 11 ans, est depuis 12 ans maîtresse-servante à la ferme, où elle soigne et dirige l'étable et la basse-cour, avec sa fille âgée de 17 ans.

De ces cinq personnes, toutes également méritantes, deux seulement ont pu recevoir des récompenses ; le chef de famille en réalité journalier habitué, et ne résidant pas, se trouvait, par ce double motif, en dehors des conditions de notre programme : son fils cadet avait été déjà primé en 1882, et sa seconde belle-fille, ne recevant pas de gages, rentrait plutôt dans la catégorie des métayères ! Mais vous applaudirez sans distinction cette petite famille si digne d'être citée comme un modèle accompli de moralité et de conduite.

Non moins intéressante est la femme Bourrelier, âgée de 78 ans, Primée en 1882, elle a continué de rester chez M. Roblot, au Chesnay, commune de Nonvilliers et y compte aujourd'hui 20 ans de services ; à l'autre bout du canton, nous rencontrons le sieur Moreau, charretier de labour depuis 32 ans, à la Forge, commune de Saint-Victor-de-Buthon, où il est entré à l'âge de 15 ans ; puis viennent le sieur Villefayot, berger depuis 20 ans, chez M. Prud'homme, au Grand-Essart, commune de Frazé ; et le sieur Valentin, berger aux Forts, commune de Nonvilliers, depuis 17 ans ; Mademoiselle Marchand, fille de basse-cour, chez M. Brette, commune de Frétigny, clôt cette longue liste, avec 12 ans de services.

Je m'arrête sur ce dernier nom, parce que Mlle Marchand est entrée à 18 ans dans la place qu'elle occupe et que son âge me permet de répondre à un dicton trop commun, qui prétend que les jeunes serviteurs sont moins bons et moins sédentaires que les anciens. Laissez-moi croire avec le sieur Villefayot qui, lui aussi, a débuté à 17 ans, et avec les 18 ans de Mlle Marchand, qu'on se trompe et que la race des bons serviteurs n'est pas près de s'éteindre.

En tous cas, on ne s'en aperçoit pas dans les quatre cantons de l'arrondissement de Nogent, où les primes de moralité sont toujours chaudement disputées. Sans doute il y a de nos jours des changements fréquents dans le personnel de nos fermes, mais cela a toujours existé et est-il bien certain que la responsabilité en incombe exclusivement aux serviteurs? Quand on veut bien juger un objet, il ne faut se placer ni trop près parce que les détails peuvent nuire à l'ensemble, ni trop loin parce que les contours seuls émergent dans le vague ; il faut, comme l'on dit, se mettre au point. Il en est de même des faits intellectuels et moraux.

Quand on voit depuis 20 ans défiler chaque année la troupe serrée des bons et vieux serviteurs, on est autorisé à conclure que le présent n'a rien perdu, que l'avenir n'est pas compromis et à répéter avec confiance cette vieille devise de nos pères : Dieu protège la France.

DISCOURS

PRONONCÉS

SUR LA TOMBE DU BARON DE LAYRE

Le 4 Mars 1891

AU CIMETIÈRE DE BEAUMONT-LES-AUTELS

EN PRÉSENCE

DE SA GRANDEUR Mgr LAGRANGE, Évêque de Chartres

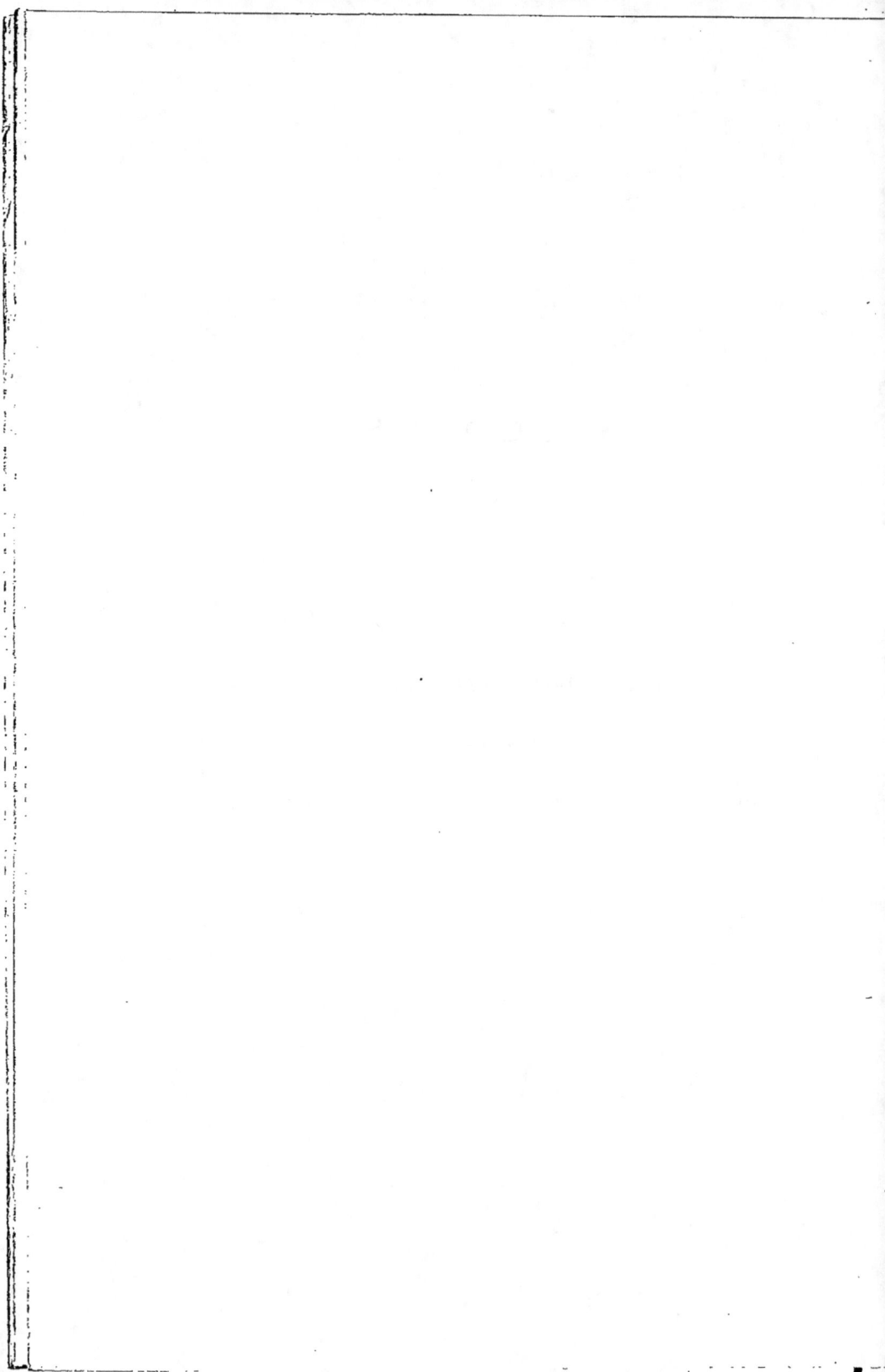

Discours de M. Boullay-Chaumard :

Mesdames et Messieurs,

Une voix plus autorisée que la mienne eût pu venir dire un dernier adieu au très regretté Président du comice agricole de l'arrondissement, que nous venons de perdre.

J'ai cru devoir accepter cette pénible mission d'apporter, sur cette tombe entr'ouverte, les pensées de vénération, d'estime, d'affectueux attachement que nous professions tous pour celui qui, pendant près de 20 ans, s'est consacré avec autant d'intelligence que de dévouement aux grands intérêts agricoles de la région.

M. le baron de Layre eût pu comme tant d'autres ne s'attacher qu'à la gestion de ses domaines et ne s'occuper que des intérêts considérables dont il avait la garde.

Mais cet homme d'élite ne pouvait s'en tenir à ce rôle abstrait, et son dévouement à la cause de l'agriculture lui fit accepter la succession de M. le marquis de Pontoi-Pontcarré et celle du regretté M. Vacher, que la mort venait de nous ravir, à la présidence de notre association.

Dans ses fonctions, M. de Layre sut apporter le tact exquis qu'il eut toujours dans tous les actes de sa vie, soit dans ses rapports avec l'administration, comme dans ceux qu'il entretenait avec ses collaborateurs qu'il honora toujours de sa bienveillante sympathie.

Bon et serviable pour tous, il savait descendre des hauteurs de la grande situation où sa fortune l'avait placé pour rendre mille de ces petits services qui passent inaperçus dans la vie, mais que la mort vient souvent, par le vide même qu'elle a fait, rappeler au souvenir de ceux qui en ont recueilli le bénéfice.

Dans chacun des cantons où le roulement des concours nous appelait chaque année, il a laissé dans la mémoire de tous des traces ineffaçables de sa munificence et de son aménité ; il savait concilier les esprits les plus prévenus et s'attacher ceux qui n'avaient pour excuse que de ne l'avoir pas assez connu.

Mais nous n'avons plus aujourd'hui pour nous consoler de cette perte immense que la mort vient de causer à notre pays, que la pensée intime et profonde que la mémoire de M. le baron de Layre survivra au milieu de nous, par l'importance des œuvres auxquelles son nom restera à jamais attaché. Ses amis réunis ici se souviendront de la grande place qu'il tenait dans l'arrondissement par le vide qui ne sera que difficilement comblé dans l'avenir.

Et sa famille en deuil, en venant pleurer sur cette tombe, aura pour atténuer l'amertume de cette séparation si inopinée, le souvenir des regrets que nous partageons avec elle et ce dernier et suprême hommage rendu à la mémoire aimée et vénérée de celui que nous saluons tous ici pour la dernière fois.

Discours de M. le docteur Mercier :

Je vous demande la permission, Monseigneur, Mesdames et Messieurs, de vous retenir quelques instants encore autour de cette tombe, hélas ! si prématurément ouverte.

La voix amie et si autorisée, que vous venez d'entendre, vous a montré M. le baron de Layre, président du comice de l'arrondissement de Nogent-le-Rotrou et dirigeant, depuis dix ans, cette importante institution avec un tact parfait et une habileté consommée, au milieu des écueils de tout genre que les circonstances semaient sous ses pas.

Pour moi, que depuis longtemps il honorait de son amitié et que, dans ces dernières années, il avait fait le confident de ses projets, je voudrais vous le faire connaître comme fondateur et Président du syndicat des agriculteurs du Perche et vous prouver qu'il était bien le plus ardent et le plus dévoué des défenseurs des intérêts agricoles de notre contrée.

La loi libérale, concernant les associations, était à peine promulguée, que M. le baron de Layre, fort des connaissances judiriques qu'il avait acquises dans sa jeunesse, voyait tout le parti qu'on en pouvait tirer pour l'amélioration de l'agriculture du Perche et pensait immédiatement à la fondation d'un syndicat agricole.

Malheureusement un coup terrible, la mort de Mme la comtesse Lafond, vint au mois de juin 1886 frapper la famille de Layre qui jusqu'ici n'avait guère connu de la vie que la joie et le bonheur.

Le projet de syndicat forcément ajourné fut repris dans les derniers mois de la même année.

M. le baron de Layre pendant de longues semaines étudia avec l'ordre et la méthode qu'il mettait dans tous ses travaux les statuts de tous les syndicats agricoles déjà fondés. Il prit dans chacun d'eux ce qui pouvait s'appliquer aux besoins de notre contrée et nous apporta au commencement de 1887 des statuts vraiment modèles, où tout est prévu à ce point que jusqu'ici le besoin de les modifier ne s'est pas encore fait sentir.

Ceux d'entre vous, Messieurs les agriculteurs, qui ont assisté à l'assemblée générale tenue à la mairie d'Authon, peuvent se rappeler avec quelle clarté, quelle précision dans les termes, et aussi quelle conviction M. le baron de Layre discuta devant nous chacun des articles de ces statuts. Acceptés par l'assemblée presque sans modifications, il furent approuvés par l'administration et le syndicat se constitua sans retard.

M. le baron de Layre avait été à la peine, il était juste qu'il fût à l'honneur, aussi la présidence lui fut-elle décernée à l'unanimité et par acclamation.

Ne croyez pas, Messieurs, que cette présidence ait été pour M. le baron de Layre un simple titre honorifique et une sorte de sinécure. Tout au contraire, comme si l'honneur qu'il recevait l'obligeait, M. le baron de Layre travailla au développement et à la prospérité du syndicat avec une ardeur qui ne s'arrêta que dans ces derniers temps, et seulement lorsqu'il ressentit les premières atteintes du mal qui devait l'emporter.

Tout passa entre ses mains, tout sous ses yeux, rien ne se fit que par lui, à tel point que l'on peut dire, sans exagération, qu'il était l'âme et la vraie cheville ouvrière de l'association.

Il rédigeait lui-même les cahiers des charges, et il le faisait avec un soin si grand, que tout était prévu et que la plus petite difficulté avec l'adjudicataire n'était pas possible.

Cette sollicitude si grande pour vos intérêts, messieurs les membres du syndicat, M. le baron de Layre l'eut jusqu'à ses derniers moments. Croiriez-vous que jeudi dernier encore, alors que la mort le saisissait de toutes parts, alors que sa main défaillante ne pouvait déjà plus tenir une plume, il me faisait écrire sous sa dictée une lettre à l'un de nos fournisseurs.

Comme vous le voyez, Messieurs, par ces quelques détails, notre cher Président aimait son œuvre avec passion. Il y consacrait non seulement beaucoup de temps, deux mois au moins par an, mais il s'y donnait tout entier. Convaincu que le syndicat était destiné à rendre de grands services à nos populations agricoles, il voulait à tout prix en assurer le succès et avant de mourir il me le recommandait encore d'une façon expresse et bien touchante.

Notre perte est bien grande, Messieurs les cultivateurs, je pourrais même dire immense et irréparable. Vous l'avez tous compris et c'est pour cela que vous êtes venus en aussi grand nombre de tous les points de l'arrondissement payer un dernier tribut d'hommages et de reconnaissance à notre excellent et regretté Président.

Puisse ce témoignage public et spontané de gratitude adoucir la douleur de ceux qu'il laisse après lui et qui ont montré dans ces derniers jours tant de résignation, de courage et d'énergie morale.

Adieu, cher et vénéré Président, au nom de tous les membres du syndicat des agriculteurs du Perche, dont je suis certain d'interpréter fidèlement la pensée, en vous assurant que le souvenir des services que vous leur avez rendus, restera profondément gravé dans leur cœur et qu'ils n'oublieront jamais l'ardent et admirable dévouement avec lequel en toutes circonstances vous avez pris et défendu leurs intérêts.

Adieu aussi en mon nom personnel; je me souviendrai

toujours, bon et excellent ami, de la grande bienveillance que vous n'avez cessé de me témoigner et de l'affectueux intérêt dont vous m'avez donné tant de preuves.

Adieu une dernière fois, ou plutôt au revoir, car, comme vous, nous croyons que tout ne finit pas avec cette vie.

Discours de M. Lefèvre Pontalis :

MESSIEURS,

On me demande à l'improviste d'ajouter encore quelques mots au nom des amis personnels de M. de Layre, à ce qui vient d'être si admirablement dit, pour résumer nos émotions communes.

Est-ce bien nécessaire ?

La douleur d'une famille inconsolable qui sent se raviver, sous ce nouveau coup, une blessure qui ne sera jamais cicatrisée, l'affluence de cette population qui vient des points extrêmes de la région, apporter sur ce tertre funèbre le tribut de ses regrets et de ses hommages, ne disent-elles pas plus éloquemment qu'aucune parole humaine l'étendue de la perte que nous venons de faire, et le vide impossible à combler, que le baron de Layre laissera derrière lui ?

Edmond, baron de Layre, issu d'une famille de magistrats, était lui-même destiné aux fonctions judiciaires qu'il exerça pendant les années de sa jeunesse, avec autant d'honneur que de talent.

Son mariage avec la fille unique d'un homme que vous avez tous aimé et respecté, M. Mortimer-Ternaux, le fixa définitivement dans votre pays et dans cette belle terre de Beaumont-les-Autels dont il ne tarda pas à se faire comme une seconde patrie.

Il ne songea pas un moment à en jouir en égoïste. Il comprit et pratiqua dans toute leur rigueur les devoirs du grand propriétaire envers les populations rurales au milieu desquelles il est appelé à vivre.

Homme du monde accompli, et recherché dans les salons les plus brillants de Paris ; lettré et fort capable, comme il l'a prouvé, de consacrer son intelligence aux études historiques dont il avait le goût ; honoré d'une amitié princière à laquelle il répondait par une inébranlable fidélité et par une fermeté de convictions qui ne se démentit jamais, il sacrifiait volontiers et les jouissances de la vie mondaine, et les succès qu'il aurait pu se promettre dans les lettres, et même les légitimes ambitions de l'homme politique, à une pensée dominante : le désir de servir son pays en favorisant les progrès de l'agriculture et de l'élevage, en les encourageant de son exemple et de ses conseils, en défendant en toute occasion leurs intérêts.

La présidence du Comice agricole de Nogent-le-Rotrou et du syndicat des agriculteurs du Perche était devenue son occupation favorite et, en quelque sorte, sa principale profession sociale.

Avec quel zèle il s'y appliquait ! visitant les exploitations et présidant les concours avec une rare compétence ; traitant avec autorité les questions si délicates des meilleures méthodes à suivre ou de la législation économique, dans ses rapports et ses discours annuels dont quelques-uns sont de véritables chefs-d'œuvre.

S'il m'était permis d'exprimer ici un désir, ce serait

que sa famille réunit en une publication spéciale ses divers écrits agricoles qui serviraient, même après lui, à l'instruction de ceux qu'il aimait tant, et conserveraient parmi vous sa mémoire.

Mais, que dis-je? et s'agit-il bien de soigner la mémoire de l'homme sur la terre au moment où il entre en possession de l'éternité? Pour le chrétien convaincu qu'était M. de Layre, la vie ne finit pas aujourd'hui, elle commence. C'est le souvenir de ses vertus et de ses bonnes œuvres qui fait, à l'heure présente, l'unique consolation de sa femme si tendrement dévouée, des enfants chéris qu'il laisse en ce monde, en leur donnant la certitude de son immortel bonheur. Aussi, est-ce avec une suprême confiance qu'en terminant ces trop insuffisantes paroles, je donne son vrai sens au mot consacré : Adieu ! Adieu ! c'est-à-dire, que la terre le rend au ciel et sa famille à Dieu !

CHARTRES. — IMPRIMERIE GARNIER

www.ingramcontent.com/pod-product-compliance
Lightning Source LLC
LaVergne TN
LVHW020056090426
835510LV00040B/1696